PRÉCEPTES DE VIE
ISSUS DE LA SAGESSE
AMÉRINDIENNE

DANS LA MÊME COLLECTION

Dugpa Rimpoché, *Préceptes de vie,* 1996.

PRÉCEPTES DE VIE
ISSUS DE LA SAGESSE
AMÉRINDIENNE

Présentés par
Jean-Paul Bourre

PRESSES DU CHÂTELET

Si vous souhaitez recevoir notre catalogue
et être tenu au courant de nos publications,
envoyez vos nom et adresse, en citant
ce livre, aux Presses du Châtelet,
4, rue Chapon, 75003 Paris.
Et, pour le Canada, à
Édipresse Inc., 945, avenue Beaumont,
Montréal, Québec, H3N 1W3.

ISBN 2-911217-20-9

Avant-propos

La sagesse des Indiens d'Amérique du Nord n'a pas disparu, broyée par la société industrielle. Elle a survécu au génocide des tribus, à la disparition des grands espaces sauvages, à l'avancée impitoyable du monde moderne.

Certaines grandes voix indiennes sont une véritable réponse spirituelle au désarroi de l'homme, à son angoisse quotidienne. Elles lui montrent comment se forger une âme forte, retrouver les voix secrètes de la nature, l'ancienne harmonie, le chemin du cœur.

Ces « préceptes de vie » recueillis dans la sagesse amérindienne font aujourd'hui partie de l'héritage spirituel légué au monde moderne par les Indiens. C'est une réponse à la détresse de l'homme « civilisé » qui a détruit les forêts, pollué l'eau des océans et des rivières, pour bâtir une civilisation artificielle, orgueilleuse, arrogante, qui a brisé l'ancienne alliance entre l'homme et la nature.

Chacune de ces paroles touche le cœur et illumine l'esprit. Toutes évoquent le vent des plaines, les brûlures des déserts du Nouveau-Mexique, les étendues de neige des grands lacs, ces territoires de l'Ouest sauvage où les nations indiennes ont souffert, se sont battues pour préserver une sagesse, un art de vivre en harmonie avec les forces subtiles de la nature, avec les rêves profonds de l'homme. Certains thèmes reviennent avec constance, témoignant de leur intérêt pour la nature, pour la vie intérieure de l'homme, pour ses rêves et ses pouvoirs.

La civilisation amérindienne s'est presque éteinte, comme ces lampes en terre rouge qu'utilisent les « hommes-médecines » cheyennes et qui s'éteignent à l'aube, au moment où le soleil se lève. Leurs paroles de sagesse sont restées ; elles demeurent la plus belle offrande que ces peuples fraternels pouvaient faire à l'homme moderne ligoté par ses angoisses, sa peur du monde, ses incertitudes.

Au seuil du troisième millénaire, ces préceptes proposent à l'homme une voie spirituelle, capable de lui redonner la paix intérieure.

Jean-Paul BOURRE

La nature

La terre est ton aïeule, elle est sacrée. Tu dois l'honorer, la remercier pour la nourriture et le bonheur de vivre. Si tu ne vois pas de raison de remercier, la faute repose en toi-même.

Chaque matin, aie une pensée pour le soleil qui se lève. Il est le Grand Esprit, l'origine de la vie et la source de toute sagesse. Comme lui, tu connaîtras la naissance et le déclin, avant de venir briller à nouveau.

Apprends à observer. Chaque matin, la nature t'enseigne le retour de la vie.

Ne désespère jamais. Les jours vont, comme les feuilles d'automne chassées par le vent, et les jours reviennent, avec le ciel pur et la splendeur des forêts. De nouveau chaque graine est éveillée, et de même tout animal est en vie.

Lève-toi tôt le matin, asperge-toi d'eau froide et offre une prière muette au soleil avec un sentiment d'aube dans le cœur. La création recommence avec toi.

Le lever du jour est un événement sacré, et chaque jour devient sacré. Tu n'as nul besoin de distinguer un jour parmi les sept jours pour en faire un jour saint, car tous les jours sont ceux de Dieu.

Il fut un temps où la nature fortifiait l'homme, l'instruisait, guérissait ses blessures et lui procurait la force de vivre. Il était empli de compassion et d'amour maternel pour la terre. Il savait que le cœur de l'homme éloigné de la nature se dessèche et devient dur. Ce temps n'a pas disparu. Il est en toi, indestructible. Il suffit de modifier ton regard sur les choses, de faire taire le vacarme du monde et de retrouver la parole du cœur.

Aujourd'hui, les vastes solitudes ont été peuplées par des villes puissantes ; les forêts sont détruites, les eaux des rivières empoisonnées, mais le soleil se lève toujours et les étoiles restent à la même place dans le ciel. Apprends à contempler ce qui ne change pas, autour de toi, mais aussi à l'intérieur de toi-même, et tu retrouveras l'unité perdue, la sagesse de l'esprit et la santé du corps.

L'homme de sagesse se tient au centre de lui-même, comme l'Indien au centre de son tipi. C'est en lui qu'il voit tournoyer les étoiles, se lever et se coucher le soleil, dans un même mouvement d'amour et d'adoration. Il est l'éternel recommencement de toutes choses.

Tu n'es pas séparé des autres, enfermé dans une solitude mortelle, avec des angoisses et des maladies qui n'appartiendraient qu'à toi. Tourne-toi vers les autres, apprends à regarder autrement le monde qui t'entoure. Éprouve des pensées harmonieuses pour toutes les formes de vie si tu souhaites trouver le bonheur, car tu es le frère et la sœur de toutes les créatures.

La simplicité n'est jamais banale ni ennuyeuse. Sa richesse est infinie, sans cesse nouvelle pour celui qui regarde le monde avec des yeux neufs.

Ne te laisse pas distraire par le vacarme des hommes, par leur quête insatisfaite, désordonnée. Ils sont comme l'animal emprisonné dans l'enclos, qui tourne sans comprendre et cherche une issue qui n'existe pas.

Apprends à rester libre. Ne sois pas le prisonnier des idées toutes faites, car celles-ci n'entraînent que désastre et confusion. Ne t'obstine pas dans l'obscurité, demande à la terre vivante la sagesse et la force.

Prière au Grand Esprit : « Ô Grand Esprit, dont j'entends la voix dans les vents et dont le souffle donne la vie à toutes choses, écoute-moi... Fais-moi sage, de sorte que je puisse comprendre ce que tu as enseigné à mon peuple et les leçons que tu as cachées dans chaque feuille et chaque rocher. Je te demande force et sagesse, non pour être supérieur à mes frères, mais afin d'être capable de combattre mon plus grand ennemi, moi-même. »

Bien des fois, jadis, de vastes solitudes furent peuplées par des villes puissantes. Il n'en reste plus aujourd'hui que ruines, et les ruines elles-mêmes finissent par se confondre avec la terre éternellement vierge. Qu'importe les hommes qui passent ? L'Esprit n'a qu'à souffler sur eux et ils ne seront plus ! Alors les fils de la Terre reprendront possession de la Terre, et les temps passés redeviendront nouveaux.

L'Indien préfère le doux son du vent s'élançant comme une flèche à la surface d'un étang, et l'odeur du vent lui-même, lavé par la pluie de midi ou parfumé par le pin. L'air est précieux à l'homme rouge car toutes choses partagent le même souffle : la bête, l'arbre, l'homme, tous épousent le même souffle.

Les Indiens qui vivent près de la nature et du Maître de la nature ne vivent pas dans l'obscurité. Savez-vous que les arbres parlent ? Ils se parlent entre eux et vous parleront si vous savez les écouter.

Les saisons de la Terre sont aussi les saisons de l'âme et celles du corps. L'homme s'éveille au printemps, affirme sa force et sa passion de vivre en été, devient méditatif en automne, se tourne à l'intérieur de lui-même et contemple les autres mondes en hiver. C'est ainsi que la roue tourne, emportant les vivants et les morts, le soleil et la pluie, la nuit et le jour, dans la danse du retour éternel.

Tiens-toi à l'écoute du monde, comme l'enfant qui s'étonne de tout. Éprouve un sentiment d'amour et d'adoration pour toute la Création, du minuscule brin d'herbe jusqu'à l'étoile la plus lointaine, et tu retrouveras l'ancienne harmonie.

Regardez, mes frères, le printemps est revenu. Chaque graine est éveillée et, de même, tout animal revit. C'est à ce pouvoir mystérieux que nous devons, nous aussi, notre existence, et voilà pourquoi nous concédons à nos voisins, même à nos voisins animaux, autant de droits qu'à nous d'habiter cette terre.

Connaître le monde, c'est se connaître soi-même.

La nature se renouvelle sans cesse, les milliers de jours qui passent reviennent sous des formes nouvelles. Apprends à saisir l'éternité dans chaque instant, l'éternité de l'instant qui est comme un diamant pur, inaltérable, au cœur du monde.

L'homme et la nature appartiennent au même cercle des transformations et des recommencements. L'un est le reflet de l'autre. Qu'il soit animal, végétal ou minéral, il s'agit du même monde, du même corps vivant, infini, éternel.

Apprends à goûter l'instant de beauté des choses, le vol d'un oiseau, les bruissements du vent, le chant des sources, la pénombre mystérieuse d'un sous-bois... Deviens comme l'enfant qui s'étonne de tout et le temps s'arrêtera; et tu feras l'expérience du monde à travers ton propre corps.

Tout passe, les heures, les nuages dans le ciel, la vie des hommes, emportés de la naissance vers la mort. Ne t'attache pas à la chronologie affective des choses. C'est une très mauvaise manière de voir le monde. Fais de chaque seconde une expérience enrichissante, sans t'inquiéter du temps qui fuit et des matins qui ne reviennent plus. Le présent est la seule chose qui n'ait pas de fin.

Celui qui ne respecte pas l'oiseau, la montagne ni l'eau des rivières, qui blesse la terre et empoisonne l'air qu'il respire, celui-là méprise la vie merveilleuse. Il ne sait plus voir la beauté simple des choses, qui accompagne chaque geste de la vie et protège l'homme depuis son enfance, comme un oiseau aux ailes d'or.

N'aie pas peur des contraires, des oppositions, qui divisent le monde et créent l'illusion d'événements séparés. Cette vision est source de conflit, de souffrance et de lutte perpétuelle. La nuit n'est pas l'ennemie du jour, pas plus que la mort n'est l'ennemie de la vie. Il faut la rencontre du feu et de l'eau, du soleil et de l'humidité pour créer un arc-en-ciel.

Chaque arbre est un objet de respect.

Interroge le grand silence d'une forêt, pleine de vies mystérieuses. Quel est ce silence ? Il te répondra : « C'est le Grand Mystère ! Le silence sacré est sa voix, depuis l'aube du monde. » Si tu lui demandes : « Quels sont les fruits du silence ? », il dira : « La maîtrise de soi, le vrai courage ou la persévérance, la patience, la dignité et le respect. » Apprends à interroger le silence. Il est la terre intérieure, l'espace sacré où s'enracine ton esprit.

Qu'est-ce que la vie ? C'est l'éclat d'une luciole dans la nuit. C'est le souffle d'un bison en hiver. C'est la petite ombre qui court dans l'herbe et se perd au coucher du soleil.

Prière au Grand Esprit : « Je viens vers toi comme l'un de tes très nombreux enfants ; je suis faible... je suis petit... j'ai besoin de ta sagesse et de ta force. Laisse-moi marcher dans la beauté, et fais que mes yeux aperçoivent toujours les rouges et pourpres couchers de soleil. »

Genèse : au début des temps, il n'y avait pas de différence entre les hommes et les animaux. Toutes les créatures vivaient sur terre. Un homme pouvait se transformer en animal s'il le désirait et un animal pouvait devenir un être humain. Il n'y avait aucune différence. Les créatures étaient parfois des animaux et parfois des hommes. Tout le monde parlait une même langue. En ce temps-là, les mots étaient magie et l'esprit possédait des pouvoirs mystérieux. Un mot prononcé au hasard pouvait entraîner d'étranges conséquences. Il devenait brusquement vivant et les désirs se réalisaient.

Les drames humains et les catastrophes écologiques ont la même cause : l'homme s'est éloigné du cœur de la nature, qui est aussi son propre cœur. En oubliant la vie sensible du monde, il a fini par s'oublier lui-même. Les Cheyennes des plaines savaient que la perte du respect dû à toutes les formes vivantes, humaines, animales et végétales, amène également à ne plus respecter l'homme. Aussi maintenait-il les jeunes gens sous la douce influence de la nature.

Remercie en chantant et en dansant, comme font les soleils et les étoiles dans le ciel.

Tu veux vaincre ta peur de la mort, alors regarde autour de toi. La nature ne connaît pas le froid de la mort, l'immobilité, l'arrêt de la vie. Au printemps, elle exprime la jeunesse, la passion de vivre, la générosité. En hiver, elle rêve, repliée sur elle-même, renouvelle ses forces et prépare le retour du printemps. Considère la mort comme un sommeil réparateur.

Marche en forêt et respire profondément, l'esprit libre.

Imagine les senteurs et les parfums que tu respires sous la forme d'un fluide d'or pur, qui illumine et rend le corps léger.

Tu es semblable à l'arbre planté en terre dont le feuillage touche le ciel. Cette image est celle de l'équilibre parfait, qui réunit ciel et terre dans un même corps. Cette perception de soi attire une multitude de pensées heureuses qui se poseront sur tes branches, comme les oiseaux.

Protège la vie - toutes les formes de vie - comme on soigne un arbre qui vient d'être planté, l'abritant du soleil et des orages. En prendre soin, c'est l'aimer.

Jadis, la forêt immense recouvrait tout, comme un unique esprit. Vint le temps où les hommes divisèrent l'esprit, le dépecèrent comme un animal de chasse, brisant l'harmonie de la nature.

C'est ainsi qu'ils firent entrer la douleur dans le monde.

Ne considère pas seulement la nature comme un cadre dans lequel tu peux t'épanouir, guérir les maladies de l'âme et celles du corps. La nature n'est pas extérieure à ton esprit, il ne s'agit pas d'un monde différent, éloigné, difficile à comprendre. Malgré le jeu des apparences, vous n'avez qu'un seul esprit.

Les arbres de nos villes sont des êtres séparés, qu'on taille et qu'on arrange à notre convenance, comme s'ils étaient nos sujets, nos objets, nos animaux domestiques. Quand tu regardes un arbre, perdu, oublié sur une place ou au bord d'une avenue, demande pardon pour le mal qu'on lui a fait.

Observe la position que prend le chat pour dormir. C'est la forme parfaite du bonheur. Il se replie sur lui-même, se nourrit de ses propres fluides. Dans cette attitude d'enfance retrouvée, il se renouvelle, se régénère.

Quand tu caresses un animal, tu reçois son esprit et lui communiques le tien. L'amour permet ce mystérieux contact des âmes.

Lorsque l'on descend très loin à l'intérieur de soi-même, on débouche inévitablement sur l'immensité du monde. On peut facilement prendre la place d'un arbre, d'une montagne, d'un feuillage qui respire, devenir le vol de l'oiseau ou le parfum d'une fleur. Tu as en toi le pouvoir d'éprouver les possibilités inouïes de la nature, par l'expérience intérieure qui nous ramène au centre de toutes choses.

La nature tout entière est contenue dans l'esprit d'un seul homme. Attiré par le reflet des apparences, il regarde du mauvais côté. Apprends à tourner tes yeux à l'intérieur.

La sérénité

Le silence est l'équilibre absolu du corps, de l'esprit et de l'âme. L'homme qui préserve l'unité de son être reste à jamais calme et inébranlable face aux tempêtes de l'existence. Pas une feuille ne bouge sur l'arbre, aucune ride à la surface de l'étang ne brille : telle est, pour le sage, l'attitude idéale pour la conduite de la vie.

Apprends à freiner ta course, à rassembler tes forces, à maîtriser ta confusion, à calmer ta dissipation. L'oiseau arrête son vol en un lieu pour faire son nid, et en un autre pour se reposer dans son parcours.

Le soleil, la lune, les étoiles... comme le cœur de l'homme, sont les lieux où Dieu s'est arrêté pour révéler son amour. L'Indien pense à ces endroits et y adresse ses prières. Il y gagne assistance et bénédiction.

Observe la nature autour de toi, la solitude d'une plaine ou la majesté d'une montagne. Toute créature vivante, toute planète tire sa vie du soleil. Toute créature vivante, toute plante est un bienfait.

Médite sur la sérénité du ciel, la légèreté du nuage, éloigne-toi de tout ce qui encombre et alourdit l'esprit. Change ta manière de voir et de sentir. « Au sommet de la montagne est suspendu un nuage, et mon cœur est suspendu à lui. » Ainsi pense et médite le sage Navajo.

Sois toi-même, apprends par tes actes à créer des émotions, des sensations et des couleurs, comme le peintre, comme le créateur d'univers. En toi réside le lieu du plus grand amour. Il n'y a pas d'autre lieu pour aimer.

Sois attentif aux bruits de la nature, à tes propres pensées, à tes sensations internes, aux émotions et réactions de ton entourage, sans violence, avec amour et adoration – alors ton esprit s'ouvrira comme la fleur au matin, l'univers te révélera sa beauté et chaque instant de ta vie sera comme un premier soleil.

Ne regarde plus le monde avec inquiétude. Tes yeux dispensent la lumière du jour. Ils sont le miroir du monde.

Ne retiens pas les mauvaises pensées, les sentiments de colère, de crainte ou de culpabilité. Regarde-les passer comme les oiseaux du ciel, sans laisser de traces.

Apprends à communiquer avec les autres formes de vie – l'arbre, le ruisseau, l'animal. Ils sont les autres formes de toi-même.

Joie et chagrin, plaisir et tristesse nous habitent alternativement, tout comme le jour et la nuit, la vie et la mort. Si tu souhaites progresser spirituellement, considère-les comme les deux rives d'un fleuve qui coule dans le même sens.

Recherche des moments de solitude, loin du tumulte des grandes villes. Dans la solitude, les pensées restent plus facilement au repos. Ne les considère pas comme les conséquences de tes angoisses et de tes problèmes. Nos pensées et nos idées sont la nature, tout autant que les vagues d'un fleuve ou les nuages qui flottent dans le ciel. Elles ont besoin de lumière pour vivre et se rendre visibles.

L'esprit engendre les pensées comme la prairie engendre l'herbe, avec la même simplicité. Un champ stérile, envahi de ronces et de mauvaises herbes, sera une mauvaise nourriture pour le bison des plaines, dangereuse pour sa survie. Il en est de même des pensées qui naissent dans ton esprit.

Si tu espères échapper au tourbillon mortel des jours, à l'anxiété des choses qui naissent et meurent, absorbe-toi dans la contemplation de la nature. Observe le mouvement du soleil, la succession de la nuit et du jour, les neiges d'hiver et la douceur du printemps... Les choses reviennent, selon l'antique loi du cercle.

Le vent, dans sa plus grande puissance, tourbillonne. Les oiseaux font leur nid en rond, et le soleil s'élève et redescend dans un cercle. Tout ce que fait le Pouvoir de l'univers se fait dans un cercle. Cette perception du monde communique une grande sagesse.

Nous ne cesserons jamais d'explorer l'univers, au-dedans de nous et à l'extérieur. La fin de toutes nos explorations consistera à regagner notre point de départ et à le découvrir pour la première fois.

Dieu, à travers la nature, nous laisse cette possibilité infinie : nous sommes libres de faire les choses avec amour. En d'autres termes, vous devez prendre des risques pour vivre et pour aimer, retrouver le sentiment d'abandon de l'enfant, sa joie simple, sa grande confiance, sans jamais perdre la lucidité du guerrier.

Ne perds pas l'innocence et la vulnérabilité du cœur. Il ne s'agit pas de deux choses différentes, l'une n'est pas la conséquence de l'autre. Le sage est en même temps l'aigle des nuées et l'hirondelle encore fragile, étonnée par les premières lueurs du printemps.

L'amour n'a ni passé ni futur. Il se réalise dans l'instant, avec sa beauté immédiate, comme la flamme. C'est ainsi qu'il renforce et sanctifie la Création tout entière. Apprends à vivre l'instant, alors ta peur disparaîtra et l'instant deviendra éternel. Il n'y a pas d'autre éternité.

Il ne sert à rien de te fuir toi-même, en choisissant la vie désordonnée et bruyante du monde moderne. Ta douleur te cherche, comme le loup poursuit sa proie. Attends-la fermement, au centre de toi-même, entoure-toi de pensées rayonnantes, amuse-toi du monde comme l'enfant, et ta douleur fondra aussitôt comme neige au soleil.

Le calme intérieur est un espace très réel, un rocher solide que n'affectent ni les rumeurs du monde ni l'agitation des hommes. Il est le centre autour duquel l'univers se déplace, l'origine et la fin de toutes choses. Le sage ne vient pas y abriter sa vie, en s'isolant du monde. Il s'y tient déployé, en état d'éveil, lucide et immobile, comme dans l'œil du cyclone.

L'enfance est d'abord un état d'âme qui t'attend, à chaque moment de la vie, sur le seuil de l'étonnement, avec les odeurs d'automne, l'arôme des sentiers, la beauté des couchers de soleil. Cet état d'âme guette un signe de toi, un rêve, un désir, pour tout recommencer.

La jeunesse passe, comme un soupir, mais l'esprit d'enfance ne saurait disparaître. Cet esprit est la fête perdue, la source d'eau vive enfouie dans la mémoire.

Si tu souhaites atteindre la paix de l'âme, ne sois pas comme ce cheval fou, hennissant, bondissant, qui cherche à s'échapper dans toutes les directions, piétine, hésite, revient sur lui-même. Écoute plutôt la voix de la terre, les sources bruissantes, le chant des saisons, et tu connaîtras la paix du cœur. L'esprit de l'homme n'est jamais fixe, définitif. Il est fluide, malléable, immatériel. Il devient ce qu'il contemple.

Si tu veux vivre un état de bonheur permanent, libère-toi des habitudes qui enchaînent et alourdissent l'esprit. Laisse-toi surprendre par la beauté du monde. Sois prêt à chaque instant pour de nouveaux soleils, de nouveaux désirs, de nouveaux mondes. Alors le Grand Esprit te bénira et se réjouira à travers toi.

Prends exemple sur la nature, même blessée et dévastée par l'homme. Elle est le cœur de ton propre cœur.

Les yeux fermés, retrouve le ciel à l'intérieur de toi-même, et laisse tes pensées devenir des oiseaux. N'essaie pas de les saisir, comme tu le fais habituellement. Laisse-les flotter, voler, tournoyer, sans intention, sans signification particulière. Elles ne sont plus porteuses d'un drame, d'une obsession ou d'une réflexion qui les rendent lourdes, pesantes. Elles tournent en toi, légères comme de la fumée d'or, heureuses d'être au monde.

Le bonheur n'est pas une formule vaine, illusoire, inventée par les hommes. Il est solide comme le rocher, l'écorce de l'arbre ou la dent de l'ours. On peut lui faire confiance pour détruire la douleur et dissiper les nuages de l'inquiétude. Il emporte tout sur son passage, les maladies et les mauvais rêves, qu'il remplace par le grand fleuve de la joie. Apprends à lui faire confiance, comme à un ami lointain dont tu attends la visite.

La paix n'arrive jamais par surprise. Elle ne tombe pas du ciel comme la pluie. Elle vient à ceux qui la préparent.

La vérité est toujours bonne à dire. N'aie pas peur de choquer, de provoquer, si ta parole vient de l'intérieur de toi-même, sans contrainte.

N'attache aucune importance aux formes extérieures du monde, considère-les comme un jeu, une danse légère. Elles sont les masques dont se revêtent les esprits pour nous effrayer ou nous séduire.

Sois attentif au silence, protège-le car il contient tous les rêves des hommes.

L'esprit devenu léger, qui vole avec l'aigle, glisse avec le vent, chante avec les sources, connaît le bonheur profond du monde. Il se déplace comme l'animal, brille comme l'étoile, sans se poser de questions. Il célèbre le mystère de la vie, dans ses actes, ses pensées, ses désirs. Il ne succombe pas à la pesanteur, à la rigidité qui tourmente l'esprit. Comme l'enfant qui ouvre les yeux pour la première fois, il contemple la beauté de la vie, sa splendeur incomparable, son mystère. Il ne juge pas, ne mesure pas, n'analyse pas. Il est au cœur de lui-même, tel le chef de guerre sur son trône, et il salue le lever du soleil.

Apprends le détachement, si tu veux te vaincre toi-même.

Chaque matin, ouvre ta fenêtre, remplis-toi de lumière et affirme avec un sentiment de joie profonde : « Aujourd'hui est une belle journée pour mourir. »

En t'observant toi-même, tu finis par éclairer tes propres contradictions. Les réflexes de défense disparaissent, et tu peux t'approcher des autres avec ta vulnérabilité, ta fragilité et ta force, comme le danseur du soleil, avec la seule flamme de ton amour.

Sur la berge du fleuve infini, les hommes se rassemblent avec des danses et des cris. Ils bâtissent des maisons avec du sable, se tiennent effrayés entre la terre et l'eau, entre le jour et la nuit, entre la vie et la mort. Supprime cette façon de penser. Elle n'entraîne que douleur et incertitude. Descends dans le fleuve, remonte vers ta source, si tu veux éclairer ton avenir.

D'où vient le sourire qui brille sur les lèvres du jeune enfant quand il dort ? Enveloppe-toi de silence, d'amour et de tendresse en contemplant le sommeil de l'enfant, et le secret de la joie te sera donné, derrière les larmes.

Quand les guerriers rentrent d'une bataille, ils cachent leur puissance à l'intérieur d'eux-mêmes, ils la replient comme des ailes. Ils se débarrassent de leurs armes. Apprends à te détacher de tes propres actes. Agis librement, puis reviens à toi-même les mains vides, et la paix te sera donnée.

Les pouvoirs de l'esprit

Les désirs de l'homme sont des flèches de lumière. Ils peuvent explorer les rêves, visiter le pays des âmes, guérir la maladie, chasser la peur et créer des soleils.

L'homme qui cherche le bonheur ne pleurniche pas face à l'obstacle. Il utilise l'arc de sagesse.

Ton propre esprit n'est pas enfermé, cadenassé à l'intérieur de toi-même. Sans que tu le saches, il communique avec la nature subtile des êtres et des choses. Il se déplace sur de grandes distances, parle dans tes rêves, t'adresse des signes que tu ne sais pas traduire. Apprends à lire dans ton esprit, et le Grand Esprit de l'univers te répondra.

Nos ancêtres navajos disent que le livre du Grand Esprit est l'ensemble de la Création. Tu peux lire ce livre en étudiant la nature, les forêts, les rivières, les montagnes et les animaux qui en font partie, mais aussi en interrogeant tes rêves, tes sensations, tes émotions.

Tes passions partent comme une volée de javelots, dans toutes les directions, et finissent par se perdre. Retiens-les, rassemble-les en une même force, un même esprit, une même volonté, si tu veux qu'elles deviennent un pouvoir.

La prière ne suffit pas au guerrier intérieur. Il lui faut transformer les mots en montagne, en lac, en rivière ou en chevaux sauvages. Comme lui, tu dois apprendre à créer la réalité à partir de tes désirs. Alors les mots « bonheur », « quiétude », « paix de l'esprit » se transforment en paysages de l'âme, et tu habiteras réellement un monde nouveau.

Ne te détourne pas de l'obstacle, n'essaie pas de fuir les difficultés. Lorsqu'il rencontre un rocher sur sa route, le fleuve ne remonte jamais en arrière. Il le contourne en glissant, joue avec lui comme le guérisseur qui murmure et enchante la blessure, ou bien il bondit dans une gerbe de lumière. Apprends à danser avec l'obstacle, si tu veux progresser.

Transforme tes pensées en images, rends-les vivantes, douées d'émotions, rends-les libres comme l'aigle des montagnes. Alors elles voleront où tu veux, sans tenir compte du temps ni de la distance.

Tu te réveilles la nuit, tu dors mal, un mauvais esprit t'agite. Combats-le par de bonnes pensées, en imaginant ton corps enveloppé de lumière, léger tel un nuage, emporté par un vol d'oiseaux d'or. De ton propre cœur, fais naître un arc-en-ciel.

Apprends à communiquer avec l'animal comme tu le fais avec tes frères. Observe-le, regarde-le vivre, essaie de surprendre ses rêves. Accorde-toi à lui, dans le calme de l'esprit, attentif à toutes ses émotions. Son âme glissera doucement vers la tienne. Il te donnera son amour, mais aussi son pouvoir.

Les décisions de l'homme, ses choix, ses actes engagent l'univers tout entier. Rien n'est séparé, comme le montrent les dessins des tapis kiowas où l'univers apparaît sous la forme de rythmes, d'énergies, de résonances. Tu appartiens à la trame infinie où tout communique. Ne prends aucune décision sans être descendu très loin à l'intérieur de toi-même.

Parfois, l'homme se tient au bord du gouffre, paralysé par la peur, dans l'incapacité d'agir, d'avancer. Il ne sait pas que la proximité de ce gouffre peut lui permettre une puissante métamorphose. Retrouver les ailes de l'esprit, s'abandonner en toute confiance et se lancer dans le vide.

La proximité du gouffre rappelle à l'homme qu'il possède le pouvoir de voler.

Tu veux rejoindre celle que tu aimes, mais la distance qui vous sépare semble infranchissable. Utilise le désir pour te déplacer. Visualise son image, imprime-la en toi, les yeux fermés, avec un sentiment d'adoration. Elle viendra visiter tes rêves.

Devant tout ce qui t'arrive, pense à descendre à l'intérieur de toi-même, sans perdre ton attention, ta vigilance. En toi réside la source du pouvoir, la parole qui guérit et aussi détruit la peur.

Change ton regard sur les choses. La lumière qui monte n'éclaire pas seulement le paysage... Elle monte aussi en toi, des profondeurs de ton esprit. Prends conscience du pouvoir qui t'est donné, tôt le matin, face au soleil.

Trouve-toi un allié, un arbre, une rivière ou un animal, avec lequel tu partages une relation affective forte, privilégiée. Choisis-le comme on choisit un ami, pour sa qualité de lumière, l'émotion qu'il dégage. Dans les difficultés, il te suffit de fermer les yeux un instant, de visualiser son image, pour qu'il réponde.

Apprends à respirer avec lenteur, en imaginant ton souffle sous la forme d'une coulée de lumière étincelante et pure. Cet exercice, connu des guerriers powhatans, communique une grande énergie.

Tu dois purifier ton corps une fois par semaine, en jeûnant du lever au coucher du soleil. Commence la journée de jeûne par un bain de vapeurs, car l'étuve sacrée permet la purification du corps et de l'esprit. La rencontre de l'eau et du feu réveille le souffle du Grand Esprit. Il remplace ton souffle, entre par ta bouche et tes narines. Il est le pouvoir qui donne vie à toutes choses. En recevant la vapeur, qui est le souffle sacré, tu pourras marcher sur le sentier de la vie avec des forces nouvelles.

La transpiration du corps chasse les mauvais esprits et élimine les maladies. Il est bon de ressentir les qualités purifiantes du feu, de l'air et de l'eau, en souvenir du premier âge, celui où nous reçûmes la lumière du Grand Esprit.

Apprends les rites de la purification, respecte ton corps, qui est le temple de l'univers. Lorsque nous devenons réellement purs, le Grand Esprit peut alors nous adresser une vision.

Nos ancêtres apprenaient à traiter avec les éléments de la nature, le vent, la pluie, la lumière, ou le feu des orages, pour s'en faire des alliés. Les changements d'humeur de la nature sont aussi les états multiples de l'âme, comme le manque de volonté, l'indécision, la tristesse, la joie ou la colère. Ne les considère pas comme des ennemis, mais comme des esprits complémentaires, comme les couleurs d'un même arc-en-ciel.

Le sage est comme un enfant qui se tiendrait sur les hauteurs d'une montagne, et jouerait avec le soleil et les orages en riant. Tous les pouvoirs lui sont donnés. Il invente un nouveau langage, dialogue avec le vent, crée de nouveaux univers, parle avec ses rêves, mime le vol d'un oiseau ou la démarche burlesque de l'ours. Il se moque de ses propres angoisses. Il observe ses émotions, ses sensations, comme on observe les fleurs d'un jardin. Il habite un nuage doré où la mort ne pénètre pas.

Apprends les rites du pardon si tu veux vivre en harmonie avec tes frères. La cérémonie du pardon demande un renouvellement de chaque chose. Le premier jour est consacré à l'oubli du passé. Le second jour, lève-toi avant le lever du soleil et assiste à la naissance de la lumière comme à la naissance d'un monde nouveau. Unis-toi à cette lumière en éprouvant des pensées d'amour pour tes amis et tes ennemis. Il n'est pas nécessaire de consacrer une vie entière à se connaître soi-même. Deux jours suffisent pour changer ton regard et purifier ton cœur.

Ne pense plus le monde avec ton cerveau mais avec ton cœur. Libère-toi des liens de la pesanteur. Deviens libre et léger.

Choisis des noms de pouvoir, qui puissent représenter tous les changements de ton esprit : la force, le courage, l'habileté, l'intelligence, le don de divination, mais aussi la peur, l'anxiété, les regrets... Ainsi deviendras-tu le maître de toi-même. Les noms de pouvoir protègent celui qui les porte. Ils sont sa parure rituelle, ses armes de guerre.

Les états de colère sont des flèches aiguisées qui bondissent des mains et surprennent le tireur. Le guerrier qui possède l'arc de sagesse tire des flèches volontaires, parfaitement méditées, sans s'abandonner à l'agitation, au désordre qui naissent de la peur. Transforme les états de colère en chant de victoire sur toi-même.

Si tu veux sortir de ton corps, appelle d'abord à toi tes alliés, tes protecteurs spirituels. Sans eux, le voyage hors du corps serait périlleux, parfois même sans possibilité de retour. Ensuite, médite profondément sur ta respiration. Tu dois détacher ton âme de ton souffle, par la force de ta concentration. Tu retrouveras le vertige du vol de l'oiseau, le galop du cheval sauvage, la course du vent dans la prairie. L'homme-esprit n'est pas limité à la vision matérielle du corps. Apprends à voir autrement. Essaie de concevoir ton corps comme un pur esprit, et en même temps donne à ton esprit la réalité d'un corps.

Ne mange jamais aussitôt après ton lever. Il faut attendre un peu car ton esprit qui a quitté ton corps durant la nuit n'est pas encore revenu en toi.

La danse face au soleil est un grand rite purificateur. Nos ancêtres se tournaient face au soleil et lui offraient joyeusement leurs biens, leur vie, le meilleur d'eux-mêmes. Cette danse apporte la prospérité et réalise les vœux les plus secrets. Apprends à danser, face au soleil, dans un total abandon du corps, en communion avec les puissances de la terre et du ciel. Danse en offrant ton cœur, pour qu'il soit incendié, transfiguré. La danse face au soleil est une prière, c'est-à-dire un acte d'amour.

Le pouvoir est souvent transmis durant les rêves, sous la forme de visions colorées, de paroles ou de chants qui surgissent des profondeurs. Les rêves de pouvoir se reconnaissent facilement. Ils laissent au matin un sentiment de puissante nostalgie. Si ces rêves reviennent souvent te visiter, sache qu'ils annoncent la naissance d'un pouvoir.

Quand tu te lèves le matin, remercie pour les rêves qui te sont donnés. Tourne tes pensées vers eux, dans la lumière du jour, si tu veux qu'ils reviennent.

Tous les pouvoirs de la Création, celui de voler, de visiter un autre monde, de lire l'avenir ou de guérir les maladies sont donnés à l'homme depuis le commencement du monde. L'homme moderne les porte en lui comme des oiseaux morts. Confusément, il en éprouve de la tristesse et une certaine angoisse. Ne l'imite pas. Son désespoir est une pluie de cendres, qui éteint toute flamme, toute lumière. Retrouve tes pouvoirs et affine ta sensibilité et ton écoute du monde, puis descends dans tes rêves et apprends à lire les signes à la lumière du cœur.

Tout ce que tu imagines en esprit se réalisera si tu ne quittes pas la lumière du cœur.

Le plus grand pouvoir donné à l'homme est celui de sauver ses frères. Ce pouvoir se tient au centre de ton esprit, comme le moyeu au centre de la roue. C'est lui qui ordonne la danse des étoiles, le cycle de la nature, les peines et les joies des hommes. Médite au centre de toi-même, c'est-à-dire par-delà les pensées et les désirs, alors ce pouvoir deviendra conscient, et il sera ta force.

Guérir l'autre n'est pas difficile. Il suffit de l'aimer, d'en faire l'être le plus important au monde, de nous abandonner totalement à lui en renonçant à nous-même.

Tu veux visiter une contrée lointaine, ou même un autre univers ? Rends-les visibles, par le seul pouvoir de ton esprit, en oubliant le reste du monde et en méditant intensément sur ta vision. Utilise quotidiennement cette pratique, à certaines heures, insiste, et donne des ailes à ton désir. Les chamans savent qu'il existe un niveau de l'esprit qui permet à l'homme de se déplacer hors de son corps. Ce pouvoir est en toi, parmi bien d'autres merveilles.

Ton désir est la première forme du pouvoir. Dans une profonde méditation, le désir n'est pas une simple sensation qui naîtrait de la contemplation d'une rêverie. Il s'arrache du rêve et emporte le corps avec lui. Tu dois faire du désir et du corps un même esprit, conscient de lui-même, si tu veux qu'il agisse réellement.

L'important est d'être conscient de nous-même, de nos rapports avec les choses, les personnes, les idées. De ne pas être dupe du jeu, et d'approfondir nos relations et notre perception du monde. Derrière, seulement, commence le réel.

Aujourd'hui, nous avons peur de vivre, peur de mourir, parce que nous ne vivons jamais dans l'immédiat. La réflexion nous éloigne du centre de nous-même et nous entraîne dans des mondes menaçants, désespérants. L'esprit joue à créer la peur, comme l'acteur déguisé en spectre, et nous tremblons dès qu'il apparaît. Apprends à voir derrière les masques.

L'amitié

Ne porte aucun jugement moral sur tes frères ; vous appartenez au même Esprit.

Les yeux de tes frères sont le miroir de ton âme. Apprends à y lire tes propres angoisses, tes joies, tes certitudes, tes désirs. Apprends à les aimer.

L'homme de sagesse ne se détourne pas de ses frères. Il les considère comme faisant partie de lui-même. Sans eux, il devient comme l'oiseau privé d'ailes, comme le poisson rejeté par la rivière, qui meurt asphyxié sur la berge.

Apprends à respecter tes frères des autres règnes, les animaux, les végétaux, car ils sont vivants et appartiennent à la même Création.

Prends exemple sur l'Indien des plaines. Il était empli de compassion et d'amour pour la nature. Il aimait la terre et toutes les choses de la terre, et son attachement grandissait avec l'âge. Les vieillards ne s'asseyaient ni ne se reposaient à même la terre sans le sentiment de s'approcher des forces maternelles. La terre était douce sous la peau et ils aimaient à ôter leurs mocassins et à marcher pieds nus sur la terre sacrée.

Les vieux Indiens se tenaient à même le sol plutôt que de rester séparés des forces de vie. S'asseoir ou s'allonger ainsi leur permettait de penser plus profondément, de sentir plus vivement; ils contemplaient alors avec une plus grande clarté les mystères de la vie et se sentaient plus proches de toutes les forces vivantes qui les entouraient. Ils entretenaient un sentiment de fraternité envers le monde des animaux qui leur gardaient leur confiance. La familiarité était si étroite avec leurs amis à plumes ou à fourrure que, tels des frères, ils parlaient le même langage.

La fraternité n'est pas réduite à la communauté des hommes, à son environnement immédiat. Elle s'étend jusqu'aux étoiles les plus lointaines.

Approche ton frère avec un sentiment d'amitié et d'adoration. Il n'est pas simplement ton frère de douleur et de solitude, mais la preuve du miracle de la Vie, comme toi porteur d'un souffle et d'une âme, image vivante du Grand Esprit de l'univers.

Ne juge pas, ne décide pas de ce qui est bien ou mal sans avoir consulté ton propre cœur.

L'amitié n'est jamais tapageuse. Les démonstrations d'affection prouvent l'instabilité des sentiments, l'inquiétude, la peur de perdre ce que l'on aime.

L'ami arrive comme le vent du printemps, avec des parfums de fleurs et la douce lumière du ciel. Il se tient sur le seuil de l'âme, toujours joyeux et bienveillant.

Le vrai sentiment est comme la rivière qui coule au soleil, puis traverse l'obscurité de la nuit dans le même murmure joyeux.

Apprends à rire, deviens un soleil pour tes amis.

Ne cède pas aux violences de l'imagination, qui font naître l'envie, le mépris, la colère. Sois en paix avec toi-même, et les autres s'accorderont à toi comme les notes d'une même musique.

N'attends rien des autres, si tu n'as encore toi-même donné. Prends exemple sur la terre sacrée qui donne toujours, renouvelle sans cesse, fait renaître, et jamais ne retient.

Accepte la confrontation comme une épreuve joyeuse, un obstacle léger à vaincre. Retourne-la vers toi, comme un miroir, et apprends à y déceler tes faiblesses, tes propres égarements. Elle deviendra une danse joyeuse, et les autres se rapprocheront de toi, les mains tendues, l'esprit rayonnant d'une douce lumière.

Ne t'isole pas, tu as besoin de tous tes frères pour fortifier ton âme. Une seule pierre manquante et l'édifice s'écroule, et les soleils s'éteignent.

Dans l'ombre profonde, l'ami ferme les yeux et ne parle plus. L'esprit sans crainte, il t'offre sa présence, fait briller et éclaire ton propre silence. C'est alors que l'esprit parle à l'esprit.

La haine est la forme vulgaire de l'amitié, sa face d'ombre, peuplée de fantômes, habitée par les esprits de la jalousie et de la colère. Lutte pour l'éviter. Hisse l'amour et l'amitié au niveau du soleil. Dans tout homme se dissimule un esprit bienfaiteur.

La violence des sentiments empêche l'esprit de parler à l'esprit. L'homme devient un démon pour l'homme, à la fois chasseur, victime et prédateur. Il est la proie et la griffe de l'aigle, prisonnier de la culpabilité et du remords. Ne te laisse pas dévorer par tes propres émotions, tiens-les à distance et regarde-les comme des jeux d'ombre. Au centre de lui-même, l'homme est le maître du jeu.

L'homme qui est aussi l'ami des fleurs, des océans et des étoiles, s'augmente en amour, grandit en conscience. Il sort des ténèbres et s'élève vers la lumière.

Agrandis le cercle de tes amis jusqu'aux arbres, aux montagnes, aux étoiles. Reconnais en toute chose la même appartenance, la même famille qui protège et fait vivre, le même esprit, c'est-à-dire le même amour.

Chaque fois que tu accueilles ton frère, tu accueilles la part mystérieuse de toi-même, qui se tient dans l'autre. Il en est de même pour lui, et c'est alors que l'amitié devient communion.

Chaque homme installe des barrières autour de lui pour limiter son territoire et se protéger des autres. Les murs derrière lesquels il s'abrite sont des remparts de souffrance. Il ne connaît pas le bonheur, mais l'envie, la colère, la haine, qui sont les autres formes de la peur. Sois pour lui un miroir de bonté, trouve les gestes et les paroles qui apaisent, qui guérissent. Devant l'homme qui souffre, dépasse ta propre souffrance si tu veux l'aider.

L'esprit à l'intérieur de l'homme ne cherche jamais le conflit, la violence, l'opposition. Il ne se déclare pas la guerre à lui-même. Il se tient au-delà des problèmes de l'homme, dans une innocence toujours neuve, une lumière d'aube.

Ne reste pas à la surface bruyante des choses. Apprends à les rejoindre. A l'intérieur de toi-même existe un monde de beauté et d'amour, libre, invulnérable, sur lequel le temps n'agit pas. Abandonne ta peur car l'esprit de l'homme ne meurt pas. Il est éternel.

Ne renonce jamais à aimer, malgré les épreuves et l'aridité du cœur. L'amour est la grande force qui soutient l'univers ; sans lui, le monde vivrait un hiver éternel.

Nous comprenons avec des idées et des mots différents, mais nos sensations et nos émotions sont les mêmes. Apprends à être joyeux et à souffrir dans l'autre.

Élève-toi si tu veux vivre un amour plus grand, plus vaste. L'amour et l'amitié sont des tentatives pour élargir le cercle, et retrouver l'unité perdue.

Ne reste jamais trop longtemps en toi-même. Tu as besoin de l'autre pour affirmer ta foi dans la vie, communiquer l'amour, agir dans le monde des hommes. Vous êtes sur la même route, à la recherche du même soleil. Reconnais dans l'autre, quel qu'il soit, un frère d'aventures, perdu, et qui cherche la lumière.

L'amitié n'est rien d'autre que l'unité profonde du monde. Sans elle, l'univers visible n'existerait pas. Il serait rendu au néant, qui est l'absence de lumière.

La maladie et la mort

Le corps malade est la conséquence d'une âme affaiblie, qui doute d'elle-même, traversée par des pensées néfastes.
L'homme-esprit combat la maladie par des pensées de lumière.

Pourquoi l'homme est-il plus souvent malade que l'oiseau, le bison ou le puma des montagnes ? Parce qu'il a rompu le pacte harmonieux des forces en introduisant de mauvaises pensées dans son esprit, à une profondeur souvent difficile à atteindre. Il lui faut toute la science du chaman-guérisseur pour plonger au-dedans de lui-même et guérir l'âme malade.

Nettoie ton corps par la prière, le jeûne, et de longues marches en forêt. Respire profondément, ouvre-toi aux esprits des végétaux qui sont de grands guérisseurs d'âme.

Renonce à toi-même et abandonne-toi avec confiance au souffle bienfaisant de la nature.

Les souffrances de l'âme, comme celles du corps, se soignent au contact de la nature. Celle-ci est la guérisseuse suprême, la mère consolatrice qui purifie et régénère. Remercie-la en chantant, ainsi que le faisaient nos ancêtres. Le chant et la danse sont des ponts jetés vers les mondes invisibles, une manière vivante de communiquer avec le Grand Univers, sans bavardage stérile, par un don magique du corps. Avec la prière, c'est le seul langage que puisse comprendre notre mère la terre.

Le Grand Esprit est notre père, mais la terre est notre mère. Elle nous nourrit : ce que nous plantons, elle nous le rend, et c'est ainsi qu'elle nous donne les plantes qui guérissent.

Apprends à combattre les esprits de douleur qui se partagent le corps du malade et affaiblissent son âme. Utilise la médecine intérieure en invoquant l'action de l'esprit sur le corps, son influence, sa protection.

Tu n'es pas seul face à la maladie. Apprends à voir avec l'œil de l'esprit, et tu verras que les objets eux-mêmes éprouvent de la pitié pour les hommes.

Utilise la médecine intérieure sans nervosité, mais avec assurance, en harmonie avec les hommes, les plantes et les animaux de la terre. Cette pratique personnelle constante peut prendre des semaines ou des mois. Apprends à soutenir celui qui souffre par la seule force de ton esprit.

L'âme déspiritualisée est comme l'animal aveugle, privé d'orientation, qui se cogne à tous les obstacles. Les esprits de douleur la tiennent en leur pouvoir comme la griffe de l'aigle. Ceux qui sont faibles, malades ou blessés ont perdu leurs alliés. L'esprit-gardien ne les protège plus. Il s'est éloigné d'eux comme l'étoile filante. Pour aider celui qui souffre, il te faut retrouver son allié et le ramener à l'intérieur du corps.

Guérir, c'est retrouver l'âme perdue, renforcer le pouvoir vital en éloignant les esprits malfaisants. Aide ton frère qui souffre en retrouvant son âme perdue. Seul, l'amour est suffisamment puissant pour réveiller l'allié et rétablir l'ancienne harmonie du corps.

Danse pour invoquer l'allié.

Le bien-être et la santé sont menacés par des esprits contradictoires qui s'opposent et aiment lutter à l'intérieur des âmes. Si l'âme n'est pas assez confiante, elle perd le combat et le corps tombe malade. Ne perds jamais tes alliés spirituels. Ils sont un rempart solide contre les maladies et les pensées tristes qui contaminent l'âme.

Invoque ton allié, l'animal-gardien dont le double t'accompagne. Avec lui, tu peux entreprendre le voyage intérieur qui nettoiera l'âme malade. Cette expérience est possible en rassemblant les forces de l'esprit, sous forme d'images sensibles, et en les enveloppant d'amour. C'est alors qu'elles se mettent à briller et deviennent vivantes, capables d'agir.

Le voyage périlleux ressemble à un rêve éveillé, mais n'aie crainte, ton corps n'a pas bougé de sa couche. Les yeux fermés, concentré sur l'image de l'allié, c'est toi qui contrôles ses actions et diriges ses aventures.

Le pouvoir n'est jamais stable. Il est comme le parfum qui embaume le corps, se mêle intimement à la respiration, avant de disparaître en se volatilisant.

Ceux qui dansent au moins une fois par semaine encouragent leurs alliés à rester avec eux. La danse du corps rassemble les forces de la grande nature et reconstruit l'ancienne harmonie.

Si tu ne veux pas perdre ton allié, apprends à te réveiller doucement le matin, sans brutalité. Le choc ou la frayeur dérèglent la vision et chassent les esprits protecteurs.

Sache qu'on ne transmet jamais directement le pouvoir à une personne malade, mais à son esprit gardien.

L'oiseau qui veut guérir s'offre aux rayons du soleil, recherche la lumière, la puissance qui donne et renouvelle la vie. Ne prends pas refuge dans l'obscurité comme si tu cherchais à mourir. Expose-toi au feu de l'Esprit, qui renforcera ton âme, ranimera ta vitalité perdue. Le mystérieux esprit qui se tient en toi est capable de bien des prodiges. Il a le pouvoir de ramener le printemps au milieu de l'hiver ; c'est lui qui gouverne les saisons de l'âme.

Ne crains pas la mort, son apparence terrifiante, définitive, conséquence de la peur de l'homme et de son anxiété face au mystère de la disparition. Les sages ont approché ces autres paysages, derrière le jeu des apparences. Ils ont plongé à l'intérieur du Fleuve. Ils savent qu'il n'y a pas mort, mais changement de monde.

La mort est une métamorphose, comme l'enseigne le changement des saisons, le retour du soleil après les neiges de l'hiver. Tu dois préparer ton esprit à la métamorphose, tel l'aiglon des montagnes qui abandonne le nid, bascule dans le vide sans comprendre, poussé par les forces puissantes de Vie, déploie ses ailes et devient un aigle.

La mort ne quitte pas le cycle de la grande nature. Considère-la comme un éternel retour.

N'oublie pas que les cendres de tes ancêtres sont sacrées et que l'emplacement où ils reposent est une terre sanctifiée.

L'absence est une très mauvaise façon de voir. Là où il n'y a rien pour l'œil de l'homme, rien que ses mains puissent saisir, des mondes subtils fourmillent, aussi nombreux que les étoiles du ciel. Retrouve les yeux de l'âme, et tu verras l'envers du monde, sa face cachée que les hommes nomment la mort.

Pour mourir, le guerrier revêt sa parure de guerre, appelle à lui ses alliés, ses esprits protecteurs, puis se met à danser dans la lumière du soleil. La mort devient une fête, une célébration, le chant de victoire du retour.

Tout dans l'univers subit la loi du changement, de la métamorphose. Rien n'est jamais exclu du Grand Jeu tournoyant, mis définitivement en exil. Les choses naissent, grandissent, disparaissent et reviennent, avec le même mouvement infini d'amour. Rien n'est jamais brisé, séparé. Les choses se parlent éternellement, sans tenir compte du temps et de l'espace.

Les funérailles ne sont pas une fête funèbre, désespérante. Elles servent à accompagner le voyage du défunt et à préparer son retour.

Le défunt accomplit une mue spirituelle, comme le serpent du désert qui abandonne sa peau ancienne, morte et desséchée, et qui retrouve un corps nouveau.

La méditation

Méditer, c'est voir se lever les soleils de l'esprit, après les épreuves nocturnes, les tempêtes et les tourments de l'âme.

Apprends à méditer si tu veux voir le monde avec des yeux neufs.

Si tu veux tenir ton esprit en éveil, médite au bord d'une rivière, après avoir fait le vide en toi, jambes croisées, les yeux clos, simplement attentif au bruissement de l'eau sur les rochers. Très vite la rivière n'est plus extérieure à ta conscience. Elle en fait partie, comme le sang court dans le corps. Le mouvement de l'eau devient plus vif, plus lumineux. Tout ton être est envahi par une mystérieuse présence. C'est l'Esprit qui s'écoule à flots dorés de ton esprit.

Concentre-toi sur ton cœur, imagine-le rayonnant, battant au rythme de l'univers, et il s'ouvrira comme la fleur du matin, libérant tous les parfums de l'âme.

Change de point de vue sur toi-même. Tu n'es pas seulement un être de sensations, limité par l'enveloppe physique d'un corps. Apprends à déplacer ton esprit et à te regarder de l'extérieur, comme un simple spectateur. Le déplacement de ta conscience te permettra de méditer à l'intérieur d'un arbre et de sentir circuler la sève dans le cœur lumineux d'une fleur, ou dans le granit secret d'une montagne. Alors l'arbre, la fleur et la montagne deviendront tes alliés, dans ce monde et en l'autre.

Profite des moments de silence pour t'écouter toi-même, pour rechercher la source profonde, derrière les pensées inutiles et l'encombrement des mots.

Méditer, c'est contempler le mystère de la nature, son miracle permanent, à l'intérieur de soi. Il n'y a nul autre lieu pour communier avec le Grand Esprit de l'univers.

L'esprit qui contemple voit la danse et les tourbillons sans fin des mondes, les lumières et les couleurs qui sont au commencement des choses. Tout ce qui l'entoure, toute la sphère de l'espace, n'est plus loin de lui, mais en lui, à l'intérieur de lui.

Apprends à méditer sur l'Éternel Instant. Il est la source de l'âme et du corps, du haut et du bas, du jour et de la nuit, de la vie et de la mort. En lui, toutes les contradictions se rassemblent comme un vol d'oiseaux blancs.

La Création n'appartient pas à un passé hors d'atteinte, mais à l'Éternel Présent. Il est l'océan de tranquillité, la forêt bienheureuse où le daim, l'ours et le jaguar partagent la même amitié, où les contraires s'abolissent pour ne former qu'un seul arc-en-ciel de lumière.

Le corps au repos, la respiration calme, les yeux fermés sur la lumière intérieure, tu es dans cet état de conscience particulier où la fissure n'existe plus entre esprit et matière, âme et corps. Entre les deux coule le même fleuve d'amour spirituel, qui n'est autre que l'univers unifié, réconcilié. Un sentiment océanique t'emporte au-delà de toi-même, vers une lumière et une paix toujours plus grandes.

La méditation te permet de découvrir la lumière plus enfouie, le centre ultime, qui est la paix profonde de l'esprit. Apprends à communier avec toi-même, par le silence de la prière et la plénitude de l'âme, qui est la force humble de l'amour, son innocence lumineuse.

La méditation favorise la perception immédiate du monde. Les frontières disparaissent, les distances sont supprimées. Alors nous pouvons vivre à la fois dans la vallée et au sommet de la montagne.

L'immobilité de l'esprit se contemplant lui-même n'est possible que lorsque le cerveau repose, calme comme un lac de printemps. Alors, plus rien ne brouille la vision, et l'univers tout entier s'y reflète avec le même émerveillement, la même joie simple.

Lorsque tu as recours à la méditation, souviens-toi que tu ignores tout de toi-même. Prépare-toi comme pour une grande rencontre. Tu vas te déplacer dans un territoire sacré, rencontrer des maîtres-esprits, des animaux de pouvoir, l'âme de tes ancêtres, et celle de tous ceux qui t'ont précédé sur le sentier de la vie. L'esprit de l'homme est un gouffre de pure lumière, qui s'étend loin dans l'infini du corps et qui traverse les âges.

Le centre de l'homme qui médite est aussi celui de l'univers, son commencement et sa fin, le lieu où tout recommence.

Ne te laisse pas décourager par les difficultés de la méditation. Persévère avec volonté, amour et lucidité. En toi, chaque jour, fais lever un soleil.

Le but de la méditation : rejoindre l'espace intérieur du cœur, la clairière d'éternité, source de toute joie.

Apprendre à voir suppose l'utilisation de tes cinq sens rassemblés en une seule sensation, aussi fine que la lame d'un couteau. C'est alors seulement que l'obscurité se déchire et que le plein soleil nous apparaît, simultanément, dans ce monde et dans l'autre.

Médite sur le changement perpétuel du jour et de la nuit, de la vie et de la mort, et ta vie ne disparaîtra plus, elle reviendra sans cesse. Plus rien ne sortira du cercle sacré.

Garde-toi des conceptions et des jugements fondés sur la mentalité humaine; ils ne prennent pas en compte les multiples aspects de la nature et les rêves des hommes. Ils ne traduisent pas l'étendue réelle des sensations et des perceptions.

Tous les pouvoirs dorment dans ton esprit, comme les diamants dans la mine. Il ne tient qu'à toi d'y descendre, muni de la lampe de sagesse.

Recherche l'intensité du contact avec la nature jusqu'au vertige si tu veux communier avec l'esprit caché derrière toute chose.

Que signifie « mille ans » ou « hier » ? Que signifie « près » ou « lointain » ? Celui qui se tient calmement au centre de lui-même comprend l'illusion du temps, ses jeux d'ombre, sa fantasmagorie. La ruse du temps consiste à nous faire croire qu'il s'échappe, alors qu'il revient sans cesse et ne quitte jamais le cercle.

Tout ce que fait un Indien, il le fait dans un cercle. Dans les temps anciens, lorsque nous étions un peuple heureux et fort, notre pouvoir nous venait du cercle sacré de la nation, et tant qu'il ne fut pas brisé, notre peuple a prospéré. Cette connaissance nous vint de l'outre-monde, avec notre religion.

Considère le futur et le passé comme les berges d'un même fleuve qui, en s'écoulant, remonte vers sa source. Médite cette vision si tu veux libérer ton esprit.

Le grimpeur n'hésite pas à se pencher sur l'abîme, malgré l'étroitesse du sentier. Il fait confiance à l'esprit de l'homme-oiseau dans sa progression périlleuse. Il s'entoure d'esprits protecteurs, adresse des prières au vide, sans perdre de vue la lumière qui filtre, là-haut, à travers les nuées.

Prends refuge en toi, si tu veux aider les autres. Toutes les forces vivantes de l'univers se croisent dans le cœur de l'homme.

L'arbre médite par sa seule présence, solide dans ses racines, aérien dans le déploiement végétal de ses branches, parcouru de sensations chaudes et lumineuses. Comme lui, prends conscience de ta vie profonde si tu veux affiner tes perceptions et communier avec le monde sensible.

Ta vie quotidienne est un fleuve en mouvement, aux conséquences incalculables. Par la méditation, pénètre le secret de l'Instant. Tu pourras alors prévenir les dangers, comme l'aigle qui survole le fleuve et embrasse du regard tous ses méandres.

La plus haute sagesse reste celle du cœur. Devant lui, l'univers se fait à la fois humble et protecteur, et les étoiles se mettent à prier.

Tu es libre d'agir, de parler et de penser en union avec ton esprit. Combats ta peur et l'amour te donnera sa force. Il n'y a pas d'autre voie pour réveiller la lumière de l'esprit, et redonner à l'homme le pouvoir perdu.

Dans la bulle éphémère des jours, l'esprit qui médite construit un temps éternel qui ne passera pas. A chaque instant, il recommence le monde.

Ton frère est une étoile errante qui a perdu sa lumière. Approche-le dans la clarté de l'esprit et ranime son pouvoir, comme la torche communique le feu à une autre torche. Apprends à faire circuler l'amour.

La sagesse et la connaissance du monde passent par un esprit pacifié, ayant apprivoisé les chevaux sauvages de la pensée. Il maîtrise les querelles de l'âme, les rêves malfaisants en laissant la lampe allumée en permanence à l'intérieur de lui-même.

Tout passe. Les bisons ne reviendront plus, les villes des hommes occupent désormais prairies et montagnes. Que reste-t-il à l'homme libre ? Le territoire de son esprit, immense, que nul jamais ne pourra envahir. Redeviens l'homme libre, le guerrier de toi-même, comme l'étaient jadis nos ancêtres sioux à l'époque des grandes chasses.

Cultive la charité, la patience et l'effort si tu souhaites garder en toi la sagesse de l'âme.

Ce que les hommes appellent relaxation est l'art d'abandonner le corps à la toute-puissance de l'esprit, à son pouvoir purificateur. Le corps remonte à sa propre source pour y puiser une vie nouvelle.

Durant la méditation, le corps devient le rêve de l'esprit.

Supprime en toi la haine et la peur qui empêchent d'avancer librement vers soi-même et les autres.

Ce qui tourmente les hommes, ce n'est pas l'opinion des autres, mais l'opinion qu'ils ont d'eux-mêmes, dans le secret de leur cœur. Ne doute pas, n'analyse pas, ne compare pas. Apprends la confiance qui ne s'appuie pas sur les pensées, mais sur la perception vivante et sacrée du corps. Tu es au monde, et chacune de tes pensées appartient au miracle de la vie.

Celui qui médite repousse les limites de sa mémoire. Il devient conscient de lui-même et du monde dans leur totalité.

Pour vivre avec soi-même et les autres en parfaite amitié, il suffit d'observer les mouvements de l'esprit calmement, comme le promeneur observe une rivière tranquille.

Pour comprendre une chose en profondeur, connaître son contenu, sa nature, regarde à l'intérieur de ton propre esprit. Celui-ci possède les pouvoirs mystérieux du Grand Univers, la même magie, et il est capable de tous les miracles.

L'esprit de l'homme est aussi précieux que l'air qu'il respire. Quand tu médites, apprends à les voir comme une même énergie, un même courant, un même souffle, et tu connaîtras la paix de l'esprit et son action bienfaisante sur chacun de tes actes, sur chacune de tes pensées.

Descends en toi et tu découvriras des soleils oubliés par les hommes, qui pourtant n'ont jamais cessé de briller. Arrache les rideaux d'ombre, contemple l'univers dans son infinie sagesse.

Quand tu médites, le ciel s'ouvre à l'intérieur de toi. Il n'est plus alors inaccessible, hors d'atteinte de la conscience. Ce sentiment d'extase rapproche le cœur de l'homme de celui de l'univers.

Ferme les yeux sans perdre ta vigilance, et surveille les mouvements de ton esprit. Ils t'apprendront beaucoup sur les mystères de l'âme, la réalité des êtres et des choses. Ton esprit n'aurait aucun pouvoir sans la volonté de ta conscience. Apprends à voir loin à l'intérieur de toi-même, puis décide ce qui est bien pour toi, change ta vie et la douleur et les conflits disparaîtront. Tu es dans le lieu où tout commence.

La méditation cherche le cœur, comme la pointe d'une flèche. Elle est l'arme du guerrier spirituel. Utilise-la pour combattre tes propres démons intérieurs.

Dans tous tes actes, prends conscience de l'instant présent, oublie le poids du passé et la crainte de l'avenir. Évite les questions, les hésitations, les incertitudes. Si tu entends être heureux, sois présent à toi-même, en accord avec le monde qui t'entoure, dans une communion amoureuse et fervente de l'Instant, sans perdre ta lucidité.

Dans la méditation, la pensée se tait pour laisser parler l'amour. Elle n'exige pas, ne juge pas, ne commande pas, mais se contente d'aimer, légère comme l'eau qui danse au soleil. Elle regarde le monde avec des yeux de lumière.

L'action longtemps méditée agit en parfait accord avec l'esprit. Elle ne participe plus à la confusion du monde, à sa souffrance, car le cœur de l'homme l'accompagne comme la lumière accompagne la flèche tirée par l'arc.

Apprends à prier si tu veux aider les autres. Pour cela rapproche-toi de ta propre enfance pendant ta méditation, et retrouve l'innocence de l'esprit. L'acte même de prier est un acte d'amour.

Les territoires intérieurs sont semés d'embûches et de pièges. Ce sont les manies, les mauvaises habitudes, les blessures de l'âme, jamais guéries. Descends en toi, muni de la torche de l'esprit. Prends conscience de la merveilleuse aventure qui t'est offerte : il n'y a pas eu d'autres voyageurs avant toi.

Plonge à l'intérieur de toi-même et deviens ton propre guérisseur.

La bonté

Observe le monde autour de toi sans porter de jugement, avec amitié et bienveillance. Il est porteur des mêmes joies, des mêmes peines, comme toi il vit, il respire, il pleure ou chante, éprouve l'angoisse du temps, le mystère de la mort. Il est ton propre corps, plus grand, plus vaste. Apprends à l'aimer.

La bonté est une source miraculeuse qui coule dans les veines de l'homme sage. Elle le rend fragile et transparent, capable de recevoir la lumière et de la renvoyer. Il est le miroir sensible, à la fois source et reflet.

La plupart des hommes craignent la bonté, comme les oiseaux de nuit craignent une trop grande lumière. Ils ont besoin de pénombre pour se travestir, porter des masques et se mentir à eux-mêmes. La bonté les dérange parce qu'elle leur semble si peu humaine, plus proche de l'ange que de l'homme. Souviens-toi que la bonté n'est pas une faiblesse de l'âme, ni une pleurnicherie sur l'épaule de ton frère. Comprends la puissance de la bonté, son pouvoir infini. Quand elle paraît, la bonté arrache les masques et dénude les cœurs. Le guerrier qui porte l'arc de sagesse l'utilise comme une flèche de feu.

N'attache aucune importance aux critiques et au jugement des autres. Ils traduisent leur souffrance, leur inquiétude, leurs hésitations, derrière des attitudes violentes, de fausse affirmation de soi. Parle-leur le langage des rêves, celui des émotions simples qu'ils ont perdues, si tu veux te rapprocher d'eux.

Quand tu gravis une montagne, accorde-toi harmonieusement à son pouvoir, à son esprit, et remercie-la pour l'aide qu'elle t'apporte, car c'est aussi bien la montagne que les jambes de ton corps qui te hissent jusqu'au sommet.

Regarde la fleur qui tremble sous la violence du vent. Imagine-la souvent, dans la solitude de ta chambre. Apprends à veiller sur elle comme tu sais veiller sur tes enfants.

Chaque parole de bonté est comme une goutte d'eau traversée par un rayon de soleil.

L'homme faible accuse les autres, les rend coupables de ses malheurs, mais ses yeux cherchent un secours, une aide charitable. Apprends à aimer l'enfant dans l'homme. Il est sa sauvegarde, sa haute lumière, un souvenir de l'ancien bonheur. C'est avec lui qu'il peut recommencer à vivre.

Nous sommes les joyaux d'une même parure. Chaque homme est un jour de fête pour le Grand Esprit de la nature.

Nos facultés intellectuelles nous empêchent d'aimer librement, sans entraves, avec la simplicité d'un vol d'oiseau ou la beauté d'un coucher de soleil. Il y a trop d'ombres entre nous et nous-même, trop d'obstacles, si bien que la bonté nous apparaît comme un point minuscule perdu dans le Grand Univers, hors de notre portée.

Pour tout ce que tu entreprends, examine d'abord les raisons de ta démarche avant de passer à l'action. Élimine les intentions sournoises, souvent déguisées en pensées vertueuses, les rancunes, la rivalité, le désir de vengeance. Ne garde que les qualités du cœur si tu veux remporter l'épreuve.

Une pensée sincère et lucide, orientée vers tes frères, ira à leur rencontre plus facilement. Il n'est pas nécessaire d'accomplir de grandes actions pour aider les autres. Dans le vacarme du monde, les gestes mentent et les cœurs se taisent.

Reconnais la bonté dans l'oiseau au plumage multicolore, l'écume d'un torrent, la plainte du vent, le bruissement des arbres, le parfum des fleurs, la splendeur de l'aube... La nature est offerte par le Grand Esprit pour le bien-être de ses enfants.

L'esprit de la terre souffre quand tu arraches un arbre. Ô Grand Esprit dont le souffle donne vie à toutes choses, comment oserais-je blesser le corps de ma mère ?

La bonté désarme l'homme violent. Elle l'immobilise dans sa lumière, touche son cœur et le fait redevenir enfant.

Approche-toi de tes enfants comme d'une source ancienne, oubliée et qui te tourmente. Observe-les avec des émotions simples, à travers tes pensées d'adulte comme à travers un rideau d'arbres. Par leurs gestes, leurs rires, leur façon de jouer dans la lumière du commencement, ils t'enseignent la vraie bonté qui est le don total de soi.

Un individu écoutant intensément un bruit qui l'intéresse, le craquement d'un arbre, la chute d'une cascade, le souffle d'un animal ou la plainte d'un homme, n'est pas un contemplatif perdu dans des abstractions, mais un méditatif qui aime et souffre avec le monde, qui partage avec lui la nuit obscure et le plein soleil. Il est l'adorateur du monde, le fou d'amour qui écoute respirer l'univers à travers lui.

Apprends à combattre tes mauvaises pensées, les regrets, les idées tristes qui empoisonnent l'esprit. Ne les prends pas au sérieux. Leur face de ténèbre n'est qu'un jeu malheureux, car l'ombre n'existe qu'en tournant le dos au soleil. Agis comme un chef de guerre. Contourne-les et sois le miroir qui leur renverra la lumière ; alors les vêtements de tristesse tomberont comme des peaux mortes.

Ne laisse pas les mauvaises pensées paralyser ton esprit. Apprends-leur la danse.

La bonté est une petite étoile qui brille pourtant comme mille milliards de soleils. Sa fragilité est comme le miroitement du lac, qui cache la profondeur, la lumière des premières heures du jour, qui annonce le grand soleil.

L'homme bon aime danser avec toutes les créatures. Retrouve la danse légère des choses, à la foi violence et douceur. La danse attire le soleil dans l'intimité de l'âme.

Les enfants ne s'intéressent pas aux jeux sérieux des grandes personnes, ou alors ils s'en emparent, les livrent à l'imagination, les modifient, les transforment. Ils mettent une lumière sur tous les gestes de l'homme.

Réveille en toi la douceur de l'âme, les rêves d'amour, les jeux d'enfance. Les guerriers cheyennes jouaient avec leurs enfants avant de partir pour la guerre. Ils avaient besoin d'une protection puissante, surnaturelle.

Regarde un feu de bois et tombe amoureux du feu, retrouve en lui l'inquiétude et la joie, la lumière et l'ombre, la danse des flammes, le bois noirci qui meurt et soudain s'embrase à nouveau. Le feu deviendra ton frère et il te donnera sa bonté.

Le clair de lune n'est pas vague rêverie de poète. Apprends à méditer dans l'éclairage de la lune. Sa lumière n'est pas victorieuse, claironnante comme celle du soleil. Elle donne aux pensées à la fois un sentiment de tristesse et de beauté. La souffrance de l'homme est comme une musique calme, en harmonie avec la nuit. Alors l'émotion devient célébration, communion. L'homme retrouve en lui la joie d'un ciel rempli d'étoiles.

La bonté de l'homme ne saurait être sincère s'il ne l'éprouve pas pour l'animal qui vit, le vent qui souffle, les plantes qui poussent. Tournée seulement vers l'homme, la bonté exprime souvent l'égoïsme et le mal de vivre. Retrouve le centre de toutes les choses qui t'entourent, écoute-le vivre, battre au rythme mystérieux de l'univers, et tu retrouveras le chemin de ton propre cœur.

Pour l'homme moderne, la bonté apparaît comme une belle image, un dessin d'enfant, une chimère impropre à susciter le rêve. Il s'entoure de remparts, élève des forteresses, du fait qu'il a peur de se retrouver seul en lui-même. Ne sois pas comme lui, car son esprit est suicidaire, destructeur. Accepte le risque d'aimer.

As-tu songé aux rêves que font les pierres, l'eau qui coule ou les arbres de la forêt ? Peut-être rêvent-ils de toi, puisque tu appartiens au même monde sensible, rattaché à eux par des réseaux d'énergies, des vibrations subtiles. Aime-les, pense à eux souvent, et ils te rejoindront dans tes rêves.

La bonté n'est pas une invention de l'homme. La nature exprimait déjà la bonté avant l'arrivée de l'homme sur la terre. C'est la loi d'échange des grandes forces de l'univers. Le courant d'amour qui circule en toutes choses, et sans lequel l'univers s'effondrerait.

N'évacue pas tes souvenirs. Médite-les à l'occasion, sans craindre l'émotion de l'exil, le sentiment de nostalgie. Ne t'étonne pas du temps qui passe. Considère-le comme un fleuve qui retourne à sa source. Il n'y a pas d'autre loi.

Illusoire est la distance entre les êtres. L'amour les rapproche et les fait vivre dans une même lumière. Considère la division, l'absence, la séparation comme une mauvaise habitude, un aveuglement, une perte de lumière.

L'Indien connaît la bonté de l'univers qui procure à l'homme la protection, la nourriture, la sécurité, mais aussi l'émerveillement, le miracle, l'intensité de vivre dans l'instant, les rêves, la beauté. Reconnaîs partout la main du Grand Esprit. Tu dois rendre grâce à notre mère, la terre, pour ses bienfaits, et au soleil qui protège la vie. Il y a une seule terre et un seul soleil pour tous les hommes. N'est-ce pas la preuve même du grand amour qui soutient l'univers ?

L'amour entre l'homme et la femme est une danse de joie, une haute célébration de vie. L'homme et la femme font l'expérience de l'amour universel dans un même corps.

L'étreinte sexuelle est créatrice d'étoiles. Elle revit l'aube du monde, sa création, voit naître le premier soleil. L'homme et la femme se placent dans sa lumière bienfaisante, sous sa protection.

N'utilise pas ton corps comme un instrument du plaisir... sinon donne à ce plaisir les ailes de l'esprit.

La bonté de la femme pour l'homme peut s'exprimer par l'amitié, qui est la forme humble de l'amour, ou par la passion exclusive, l'adoration, qui sont les visages de feu de l'amour. Les différentes manières d'aimer sont les joyaux de la nature, sa richesse, sa splendeur. Considère toutes les formes d'amour comme les couleurs d'un même arc-en-ciel.

Tu as peur des autres, et tu cherches refuge dans la plus sombre part de toi-même, le territoire du regret ou du remords. Abandonne ces terres de désolation et découvre le vrai chemin du cœur.

Apprends la joie en observant tes pensées, tes désirs. Joue avec eux comme avec des figures magiques dotées d'un esprit, autonomes et libres. Regarde le monde danser à l'intérieur de toi. Alors seulement tu pourras entonner ton chant de victoire.

Donne ce que tu voudrais recevoir et l'Esprit de la nature te comblera de ses bienfaits, chaque jour de ta vie.

La bonté n'est pas un arrangement avec les autres, une façon d'harmoniser les rapports humains, qui tiendrait compte de nos intérêts personnels. Elle n'est pas le produit de la pensée ou de la réflexion. Elle jaillit du cœur, comme une musique.

Apprends à aimer l'univers, de l'insecte minuscule jusqu'aux étoiles du ciel, avec une véritable émotion humaine, comme s'il s'agissait de personnes qui te sont proches. Alors tu éprouveras l'intensité de l'amour libéré de ses contraintes et l'éternité descendra sur toi et te couvrira de ses ailes d'or.

L'amour spirituel est le contraire de l'amour-propre, tourné vers soi-même, qui n'apporte que désordre et confusion. Il dépasse les conflits intérieurs, les artifices permettant de masquer la solitude pour s'ouvrir à l'univers tout entier.

La joie spirituelle ne se raisonne pas. Elle s'étend au-delà de nous-même comme l'eau du fleuve qui déborde. L'homme ne décide pas. La joie d'aimer simplement se pose sur lui comme l'oiseau se perche sur un à-pic rocheux, tourné vers la lumière. Il a trouvé le lieu qui lui convenait.

Ce que tu es dans tes rapports avec autrui renouvelle les forces vives de la nature, ou les empêche de se répondre, de circuler. Par tes actes, tu participes au mouvement éternel des choses. Tu deviens RESPONSABLE.

L'avidité est un effort destructeur de l'âme. Vouloir posséder immédiatement, sans attendre, est la preuve d'un profond désarroi, un réflexe de grand désespoir. Freine tes besoins, évite toute précipitation, apprends à respirer calmement dans chacun de tes actes si tu souhaites être heureux.

Nous sommes souvent troublés et mal à l'aise face aux autres, comme devant un miroir. Accepte cette impression sans éprouver d'inquiétude. Sers-toi du miroir pour t'observer toi-même. Tu apprendras beaucoup sur tes attitudes de repli, ta peur des autres et tes protections.

Ne mesure pas le temps des émotions et des sentiments. L'amour ignore les horloges, la succession des jours et des nuits, le commencement et la fin, l'enfance et la vieillesse.

L'amour ne dure qu'un seul jour, et ce jour n'a de cesse.

Construis autour de toi un climat affectif sans perdre ta lucidité, et l'amour se montrera.

Pour comprendre un être, tu dois vivre en lui jusque dans ses rêves.

La douleur et l'amour sont les deux faces d'une même médaille. Sa face d'ombre et sa face éclairée. Apprends à faire tourner la pièce, de plus en plus vite, comme les pas du danseur qui se succèdent très vite et ne s'immobilisent jamais dans une fausse attitude de joie ou de souffrance.

Seule la danse est amour.

Il n'y a pas de lutte sans véritable amour. Toute action vigoureuse guidée par la bonté traverse les murailles les plus épaisses, rejette toutes formes d'esclavage, de conformisme, de conditionnement, et devient libre.

Lutte pour devenir libre d'aimer, sans envie ni inquiétude. Alors tu connaîtras la bonté de l'amour, qui est aussi l'esprit d'innocence, la première émotion, la plus grande lumière.

Le désir aveugle conduit inévitablement à des conflits, car il est toujours contradictoire et sans cesse cherche à s'opposer. Donne un regard à ton désir, une volonté et une direction. Il deviendra une arme spirituelle et non pas une perte d'énergie.

Mon peuple a vu se lever de nombreux soleils, passer les saisons, les joies et les peines. Il n'a jamais perdu confiance. Les hommes, les animaux, les plantes, les rivières, les montagnes sont toujours là, à la même place, malgré les blessures et la pollution du monde moderne. Le cœur de l'homme n'a jamais cessé de battre, et le soleil se lève toujours sur le même horizon. C'est une vision de sagesse que tu dois constamment garder dans ton esprit, à chaque heure de ta vie, si tu veux être libre.

Nous avons accepté que la vie prenne la forme de l'angoisse et de la désespérance, qu'elle ait un commencement et une fin, qu'elle débute à la naissance et nous entraîne vers la mort. Cette vision traduit la maladie de l'âme qui ne sait plus voir au-delà d'elle-même. Retranchée dans sa solitude, elle appelle au secours mais refuse d'ouvrir la porte. L'enfermement n'existe pas dans l'univers. Tu as dans ton esprit la clé qui ouvre toutes les portes. L'amour, qui est esprit de bonté et d'harmonie, est la clé qui fait communiquer entre eux tous les espaces, tous les êtres, tous les mondes.

Reconnais la totalité de la vie dans un seul brin d'herbe et tu seras sauvé. Tu ne connaîtras plus l'éparpillement de ton corps dans la mort, l'absence des autres, l'hiver qui paralyse le corps et lui enlève son souffle. Tu sauras que rien ne change jamais, et que l'esprit de l'homme ne disparaît pas. Il revient à la même place.

Nous avons besoin de l'esprit de bonté pour atteindre le ciel dans chacun de nos actes, et parvenir à l'état d'éveil qui transforme le monde en pure lumière.

Tiens-toi proche de l'autre si tu ne veux pas être poursuivi par son fantôme. N'oublie pas que l'amour est un soleil qui disperse les mauvais esprits.

L'amitié est comme une terre fécondée, jamais stérile, sensible aux pluies et aux étés. Elle absorbe chaque pensée, chaque désir, comme la terre attire l'eau et la lumière ; et les fruits qu'elle donne ont la saveur de l'amour.

Ne te cache pas comme la cendre sous la flamme, affirme ton but et sors enfin du sommeil.

Le guerrier intérieur ne trahit jamais son âme d'enfant. Il est capable de pleurer face à la beauté du monde ou à la souffrance de l'homme avec une égale sincérité, car il se tient au cœur du monde, là où les aubes se lèvent. Ne retiens pas tes larmes. Elles sont la richesse profonde du cœur, sa part d'ombre et de soleil.

Lorsque tu te sens perdu, tourne-toi vers l'autre comme vers toi-même. Retrouve-toi dans ses rêves et ses émotions, apprends à voir par ses yeux avec tes yeux. Ainsi reviendras-tu au centre de toi-même, porteur de paix et d'amour.

Les hommes de souffrance habitent la terre sans la comprendre. Ils y circulent comme des esprits morts, séparés du monde, exilés dans leur propre douleur. Leurs pensées sont de lourds nuages noirs chargés d'amertume et de regrets. Ne leur ressemble pas. Réveille-toi. Reviens au monde. Retrouve la route qui mène au soleil.

*L*e chemin qui mène vers les autres n'est jamais facile. Les esprits mauvais placent des pièges, font naître la peur. Ce sont les pensées néfastes de l'homme qui empêchent l'esprit de progresser et se dressent comme des serpents sur sa route. Tu dois avancer en te détachant de toi-même, avec les seules armes de l'amour.

Les rêves

Souviens-toi de tes rêves, observe-les comme un territoire inconnu car ils viennent des profondeurs de toi-même, porteurs d'un conseil, d'un message ou d'un avertissement.

Les esprits et les fluides de la nature se servent du rêve pour communiquer entre eux. Utilise tes rêves avec la même intention. Ils sont le langage visible des choses invisibles.

Nous rêvons du fait que nous désirons et éprouvons de l'amour. Le rêve traduit toujours une bataille de l'âme où l'esprit et ses alliés affrontent les pensées nuisibles, les zones d'obscurité où se dissimulent les remords, les hantises. Unis-toi à tes rêves par la prière ou la méditation, viens les renforcer et participer au combat de l'âme.

Apprends à reconnaître tes rêves, car certains d'entre eux reviennent souvent sous d'autres formes et t'adressent le même message. Sois à l'écoute de tes rêves, eux aussi t'enseignent le chemin du pur esprit.

Les rêves viennent vers toi comme une troupe de cavaliers masquée par un nuage de poussière. Ce que tu prends pour une menace n'est parfois qu'une visite d'amitié.

Rêver n'est pas dormir, mais veiller, se déplacer, agir, vivre autrement. Considère le monde des rêves comme un second monde, avec ses lois, ses personnages, sa réalité. Ton esprit n'est pas enfermé dans ta conscience de tous les jours. Il s'étend sur les deux mondes à la fois, au même moment, à chacun des instants de ta vie.

Les images du rêve représentent parfois un ancêtre défunt, l'esprit d'un sage qui cherche à nous guider ou le double sensible d'une personne que tu aimes et qui refuse de quitter ton esprit. Des personnages inquiétants apparaissent parfois dans les rêves. Ne te trouble pas. Ils ne sont que les mauvaises parts de toi-même. Apprends à t'endormir en te plaçant sous la protection de tes alliés. Tourne ton sommeil du côté du soleil.

Dans le silence de la nuit, le corps s'abandonne, et les esprits effrayés par notre habituelle agitation osent se rapprocher.

Celui qui dort allume une lumière qui attire les rêves. Concentre-toi sur ton propre esprit avant de sombrer dans le sommeil. Prépare-toi à changer de monde. Invoque les rêves, choisis-les, et ils viendront à toi.

Les rêves ne mentent pas. Ils se travestissent seulement, comme le faisaient nos sorciers avant leurs danses rituelles. Les mauvais rêves n'existent pas. Ce sont des rêves de paix et de connaissance, qui portent un masque pour te tenter, te provoquer et t'éveiller.

Tu peux résoudre de nombreux problèmes dans les rêves. Les réponses viennent difficilement dans l'agitation de l'esprit, car elles ont des murs de brouillard à franchir. Dans les rêves, elles surgissent librement.

Commence d'abord par comprendre tes rêves si tu veux tout comprendre sur toi-même.

Il n'y a ni passé ni futur dans le monde des rêves. Le dormeur se déplace dans un éternel présent. Chaque nuit, tu fais l'expérience du temps intérieur, qui n'est pas le temps quotidien rythmé par les levers de soleil et l'écoulement des heures.

On se prépare au sommeil comme pour une grande fête, avec l'espoir de rencontrer des amis passés et à venir, de vivre des situations surprenantes, au même moment, dans le même lieu. Le rêve n'est pas enfermé dans le cerveau du dormeur. Il s'échappe, comme le vent sur la prairie, et se déplace sur de vastes étendues. Celui qui rêve ne dort pas. Il voyage.

Pose tes mains, ta bouche, ton front contre l'écorce de l'arbre, et ferme les yeux. L'esprit de l'arbre te donnera sa force et te fera partager ses rêves.

De la même façon que le Grand Esprit rêve le monde et le fait exister par le seul pouvoir de son désir, le dormeur rêve à des univers qui se mettent à vivre. Le rêve est créateur d'univers.

Les rêves des enfants sont traversés de hautes lumières, mais aussi de présences terrifiantes, car chaque enfant se tient réellement à la frontière de deux mondes. Il n'a pas encore été conditionné par un monde qui ne rêve pas. Redeviens comme l'enfant et les rêves t'habilleront de légendes et feront chanter ta vie. Descends dans tes rêves muni de la torche de l'esprit, et les ombres qui terrifiaient l'enfant disparaîtront, comme l'obscurité disparaît au lever du soleil.

Les rêves sont des juges implacables. Ils profitent de ton sommeil pour dévoiler le contenu de ton esprit sous forme de figures animées, travesties, souvent difficiles à identifier. Ne te perds pas en analyses compliquées dans les méandres d'un rêve, tu perdrais ton chemin. Ne perturbe pas le contenu d'un rêve, tu perdrais sa signification. Entoure-le d'amour, de sollicitude, tiens-toi auprès de lui sans chercher à comprendre, en méditant sur l'émotion que tu as ressentie et sur la présence du rêve, à l'écoute sensible de son mystère. Alors le rêve te parlera.

Entraîne-toi à penser dans deux mondes à la fois, de deux manières différentes. Dis-toi que, la nuit, le dormeur observe ses rêves, mais qu'une fois réveillé ce sont ses rêves qui l'observent, le suivent et se mêlent à sa vie. Essaie de modifier ta perception et tu verras le monde avec des yeux magiques.

La parole rêvée, celle que l'on entend ou que l'on prononce dans un rêve, surgit des profondeurs de ton esprit armée d'un pouvoir que ne saurait posséder la parole ordinaire.

Sers-toi des rêves pour guérir, aimer ou soulager ceux qui souffrent.

Chaque pensée et chaque action efficaces sont d'abord des pensées et des actions rêvées. Considère le rêve comme la première pierre de toute construction. Sans lui, tu ne pourrais rien entreprendre.

Apprends à dormir près d'une source d'eau, ou du crépitement d'un feu de bois, si tu souhaites purifier tes rêves. Le feu et l'eau éloignent les mauvaises visions et rapprochent du commencement des choses.

Les rêves spirituels se distinguent des rêves ordinaires par l'intensité de leurs couleurs et la force de l'émotion, comme l'or se distingue du métal vulgaire. Ils viennent dans un esprit capable d'émerveillement, qui regarde à l'intérieur de lui-même.

Il n'y a pas de rêves sans désir, et il n'y a pas de désir sans amour. Le rêve est le langage secret de l'amour, sa musique intime, chaotique ou harmonieuse, selon le contenu de ton esprit.

Le rêve se nourrit de nos pensées, de nos sensations, de nos souvenirs, pour prendre un corps et se rendre visible.

Le rêveur voyage parfois loin de son corps, et un réveil brutal peut avoir de graves conséquences sur son équilibre nerveux. Prends le temps de retrouver la conscience du corps, progressivement, sans violence, avec la lenteur d'un lever de lune.

J'ai vu de nombreux esprits dans le tunnel d'ombre des rêves. Tous n'étaient pas mes alliés et certains cherchaient à me nuire. J'ai vu des voleurs d'âmes, armés de crainte et de colère, et des âmes errantes, perdues, condamnées au remords, à l'angoisse, implorant l'amour des hommes pour rompre le cercle de douleur. Tu dois descendre dans le monde du rêve avec tout ton amour, car on y rencontre aussi la souffrance.

Il faut que ton sommeil ait la profondeur d'un lac et la légèreté de l'écume qui brille à sa surface. Apprends à rêver comme le félin des montagnes. Il reste vigilant, ne perd pas la conscience du monde qui l'entoure, et en même temps il dort profondément, traversé par de puissants esprits. Évite les sommeils lourds, comateux, et garde ton agilité à la surface du gouffre.

Échange tes rêves avec tes amis, raconte celui que tu viens de faire si tu veux laisser une porte ouverte sur l'autre monde. Deux amis qui échangent leurs rêves communient par l'esprit en explorant le même territoire. Ils se retrouvent autour du même point d'eau, se penchent sur la même flamme. Ils se comprennent pour la première fois.

Avant de t'endormir, imagine déjà en esprit la colonne noire du rêve qui va t'emporter. Visualise-la dans la partie haute de ton crâne, là où siège l'âme, puis remplis-la d'images, d'impressions, de personnages. Poursuis ta méditation sans te laisser distraire par d'autres pensées. Tu dois descendre dans le sommeil avec ta lucidité, tes désirs, ta volonté. Apprends à devenir le maître de tes propres rêves. Ne te laisse jamais surprendre par eux.

Durant ton sommeil, tu es dans un autre monde, à l'intérieur de ton corps, dans un territoire immense à l'horizon illimité. Apprends à ressentir ce vertige, cette vision d'infini dans ton propre corps. Redeviens l'univers tout entier.

Les rêves sont des messagers qui viennent du plus profond de toi-même. Ils surgissent sur les frontières du sommeil, porteurs de torches. Au réveil, le souvenir du rêve s'estompe, les cavaliers repartent, le message est perdu. Apprends à te souvenir de tes rêves en pensant à eux, chaque jour, comme à des amis.

Celui qui rêve ne dort pas, il regarde à l'intérieur de lui-même.

L'homme qui rêve, sans qu'il le sache, est un homme en prière. Il cherche une réponse à ses angoisses, s'agite, se débat, s'émerveille devant la splendeur de son propre esprit tant que dure son rêve. Au matin, il change de monde et les soleils s'éteignent.

Les rêves de l'adulte sont les rêves de l'enfant jamais réalisés. Ils ont fini par vieillir, le dos tourné au soleil. Cette attitude annonce le vieillissement de l'esprit, sa paralysie, son impuissance à agir. Tourne-toi du côté du soleil. Change ton regard sur le monde et tes rêves changeront.

Nous sommes prisonniers de certains rêves par un abandon de notre volonté, un manque de vigilance. Garde l'attitude du veilleur et du guetteur pendant ton sommeil.

Considère le rêve comme une fête que l'esprit se donne à lui-même pour ne pas s'oublier, ne pas s'endormir pendant que le corps repose, immobile, sans défense. Les rêves protègent l'homme qui dort.

La solitude

Il existe une différence entre l'isolement, la réclusion et l'état de profonde solitude. L'homme intérieurement seul ne dresse pas des murs pour se protéger, ne dispose pas d'obstacles entre lui et les autres. Il se tient seul en lui-même, c'est-à-dire libéré des contraintes, des idées toutes faites, des opinions diverses qui encombrent l'esprit.

La solitude est la nature profonde du cœur, la perle d'or pur au centre de toute chose, la caverne aux merveilles où ne pénètrent pas les voleurs. Apprends à vivre avec toi-même si tu veux connaître les richesses profondes de l'esprit.

Le sage qui tient son esprit en éveil habite une solitude éclairée, un espace libre où toute la nature se retrouve. Comme lui, apprends à te détacher des influences du monde et prends refuge dans l'île-du-cœur.

Le souffle maîtrisé est la voie royale qui mène à la solitude intérieure, une route pavée de pierres précieuses, un fleuve qui sans cesse va et retourne à sa source. Tu dois apprendre à respirer si tu veux retrouver l'état d'innocence. Ta respiration imite les mouvements de l'oiseau qui, pour voler, ouvre ses ailes, les replie, puis les ouvre à nouveau. Retrouve les gestes de l'homme-oiseau. Apprends à respirer avec le sentiment de donner et de recevoir sans cesse.

Je me souviens des territoires de chasse, des étendues vides que nous traversions avec un sentiment de soleil, d'illumination. Mais l'homme blanc est venu bâtir des villes dans nos solitudes, aussi n'avons-nous plus d'endroit pour nous retrouver, nous ressourcer. Les Indiens disent que, depuis ce jour, le Grand Silence a pris refuge à l'intérieur de l'homme. C'est ici que l'homme sage retrouve les territoires de chasse, les prairies du début du monde, car l'esprit de l'homme n'a aucune limite. Il s'étend, infini dans la profondeur et infini dans la hauteur.

La solitude n'est pas un réconfort, un baume destiné à soigner les blessures, mais un face-à-face avec soi-même, sans le soutien des autres. Apprends à te taire pour t'écouter toi-même, et l'esprit de sagesse te répondra.

Envieux, craintifs, facilement flattés ou blessés par le jugement des autres, nous n'avons plus d'appui solide, et nos idées vont et viennent comme des animaux aveugles. La solitude est cet espace privilégié où l'âme se laisse contempler, sans attache, libre et brillante.

Considère la solitude comme un éclairement, une pure lumière se nourrissant d'elle-même, hors du monde et pourtant centre du monde.

Dans le silence intérieur, tout mouvement de la pensée cesse et le cœur alors se met à parler. La solitude fortifie l'amour, le rend humble et unique.

Comment entendre le dialogue des arbres, le chant des sources, les esprits multiples de la nature si l'esprit n'est pas pacifié ? Dans le silence seulement la nature fait entendre sa voix. Le silence donne aux hommes de nouveaux yeux pour voir, et un esprit nouveau pour comprendre.

Vivre seul au milieu des autres, c'est rester soi-même, sans entraves, responsable de ses propres actes. Recherche chez tes frères la part de solitude. Tu peux la retrouver dans l'éclair d'un regard, l'émotion d'une voix, une parole tout à coup humaine, fidèle aux rêves.

Chez les Sioux Dakotas, le prophète construisait toujours son tipi à l'écart du cercle de la tribu. Seul, assis là, il plongeait dans le futur et provoquait la vision des événements de toutes les choses à venir. Seul en lui-même, il communiait avec les ancêtres et les esprits de la nature. Comme lui, construis ton tipi intérieur, loin du cercle des hommes, dans un lieu de profond silence. Deviens un totem vivant.

La solitude n'est pas un rempart qui isole du monde, un remède facile contre la douleur, mais un acte d'amour lucide, qui engage l'être tout entier.

Le silence n'est pas vide, il fourmille de présences. Les impressions y sont fines, subtiles comme les premières lueurs de l'aube. On ne s'y trouve jamais seul.

Dans la solitude, l'homme vertueux ne tremble pas, n'éprouve aucune peur. Il se tient dans la paix de l'esprit, réconcilié avec lui-même.

Tu peux parler avec des amis et ressentir un profond sentiment de solitude. Ne sois pas inquiet, même si ce sentiment t'apparaît voilé de tristesse, incompréhensible, incommunicable. Considère-le comme un signe, un appel. Ton esprit te cherche.

L'homme totalement seul, c'est-à-dire détaché de tout, communique sans effort avec les divers règnes de la nature. Sa solitude humaine, menacée, est devenue la grande et apaisante solitude du monde. Il se tient libre en lui-même, ouvert à tous.

Ne confonds pas la solitude de l'homme blessé, qui se retire en lui-même pour mourir, et la solitude du sage, qui réveille l'esprit et purifie le corps.

Se baigner le corps ne suffit pas, la purification est alors incomplète. Apprends à baigner aussi ton esprit dans les eaux calmes du silence.

La solitude protège l'homme contre lui-même. Ne la considère pas comme un rempart, une forteresse, mais plutôt comme une source.

Considère la nature qui t'entoure comme un immense silence, une très vaste solitude dans laquelle tous les êtres se retrouvent. La douleur ou la séparation ne sont que des mirages qui naissent devant les yeux de l'homme ébloui. Détourne-toi du mirage, lève les yeux et contemple le soleil.

La liberté est d'abord donnée dans l'intimité de l'esprit, humblement, avant d'être portée vers les autres, flamboyante.

Ne considère pas les instants de solitude comme un enfermement, un retranchement, mais comme une silencieuse passerelle jetée vers les autres, tissée de rêves et de lumières. Apprends à la voir comme étant le soleil unique, Père de toutes choses.

Sans l'amour, la solitude n'est plus que terre aride privée d'eau et de lumière, où rien ne pousse. Enrichis ton propre silence intérieur par des pensées d'amour et un désir profond de connaissance.

La peur empêche d'être seul. Elle réveille des spectres, des présences confuses, tapageuses. La peur est l'ennemie de la solitude. Si tu veux être seul, tu dois d'abord vaincre ta peur.

Abandonne-toi à l'esprit du silence, avec la confiance de l'enfant qui rêve et la volonté de l'homme qui agit.

La solitude est la voie royale de l'éveil. L'homme seul est rempli de l'amour des autres. Il les porte comme une mère porte ses enfants. Il respire, il chante, il pleure, et le monde respire, chante et pleure avec lui.

Les malades sont seuls avec le fardeau de leurs souffrances. L'homme-médecine ôte le fardeau, l'esprit de pesanteur du mal, sans toucher à la souffrance ; alors la douleur desserre sa griffe, et le corps commence à guérir.

Consacre une pièce de ta maison au silence et à la prière. Très vite, cette pièce possédera son propre esprit et deviendra lieu de pouvoir.

L'homme sage, le visionnaire, le guérisseur, trouvent dans la solitude la force, l'audace et l'adresse nécessaires à leur art. La solitude forge des flèches de lumière.

Ne respecte pas les individus pour leurs bavardages, leur agitation stérile, mais pour leur qualité d'être, pour la petite musique qu'ils ont gardée au fond d'eux-mêmes. Cette étincelle d'or est un vestige de l'ancien pouvoir. Elle se met à briller dans certaines circonstances, malgré eux.

L'esprit de l'homme est un labyrinthe dans lequel on peut se perdre. N'y descends jamais sans éprouver un puissant désir de lumière.

Sois conscient de tous tes actes, de tous tes rêves, de toutes tes pensées. La voie spirituelle exige une attention aiguë, totale. C'est un jeu d'adresse qui exige que nous restions en éveil au plus profond de nous-même.

La terre de l'homme libre

Le Grand Esprit est sans frontières, et son pouvoir s'étend à la Création tout entière, du cœur de l'homme jusqu'aux mondes invisibles. L'homme libre ne revendique qu'une seule terre : la terre de l'esprit.

Les énergies, les forces, les esprits qui construisent le monde sont là, enroulés dans les choses, attendant que l'esprit qui est dans l'homme les reconnaisse et leur souhaite la bienvenue.

Croire qu'en dehors de nous le monde et la matière sont inanimés est une erreur de perception. Nous sommes tellement repliés sur nous-mêmes, tellement enfermés dans nos habitudes que nous ne savons plus voir. L'univers entier est tissé d'esprits qui peuvent agir, reliés les uns aux autres par un phénomène de résonance cosmique. C'est nous qui nous croyons isolés, séparés. L'univers ne se sent pas séparé. IL EST.

*N*ous sommes habitués à la vision lumineuse de l'esprit, une lumière sécurisante qui réchauffe et ne brûle pas. Toutes les expériences spirituelles faites dans l'esprit de l'homme, très loin, dans sa profondeur, sont des fulgurances, de véritables explosions, un déversement inouï d'énergies qui tombe avec la puissance d'un milliard d'orages.

*E*n toi sont tous les mondes rêvés par l'homme, passés, futurs, et d'autres encore jamais rêvés. Tout est là, dans l'espace infini et sacré de ton esprit. Respecte-le, éprouve de l'amour pour lui, considère-le comme un dieu, sans perdre l'idée de ta fragilité, emporté par le fleuve du temps, riche et pauvre à la fois.

Passent encore quelques soleils et l'on ne nous verra plus ici. Notre poussière et nos ossements se mêleront à ces prairies. Je vois, comme dans une vision, mourir la lueur de nos feux du Conseil, leurs cendres devenues froides et blanches. Je ne vois plus s'élever les spirales de fumée au-dessus de nos tentes. Je n'entends plus le chant des femmes préparant le repas. Les antilopes ont fui ; les terres des bisons sont vides. Nous sommes tels des oiseaux à l'aile brisée.

Quand le dernier homme rouge aura péri, et que le souvenir de ma tribu sera devenu un mythe parmi les hommes blancs, les rivages seront couverts des morts invisibles de ma tribu ; et quand les enfants de vos enfants se croiront seuls dans leurs champs, leurs boutiques ou le silence d'un bois sans chemin, ils ne seront pas seuls. Il n'y a pas de mort. Seulement un changement de monde.

Voyez, mes frères, le printemps est venu ; la terre a reçu l'étreinte du soleil, et nous verrons bientôt les fruits de cet amour !

*N*ous rendons grâce au Grand Esprit en qui s'incarne toute bonté et qui mène toutes choses pour le bien de ses enfants.

Table

Avant-propos 7
La nature 9
La sérénité 23
Les pouvoirs de l'esprit 35
L'amitié 49
La maladie et la mort 59
La méditation 69
La bonté 85
Les rêves 105
La solitude 117
La terre de l'homme libre 127

Cet ouvrage composé
par D.V. Arts Graphiques 28000 Chartres
a été achevé d'imprimer sur presse Cameron
dans les ateliers de Brodard et Taupin
à La Flèche (Sarthe)
en mars 1997
pour le compte des Presses du Châtelet
département éditorial
de la S.A.R.L. Écriture-Communication.

Imprimé en France
N° d'édition : 20 – N° d'impression : 6669R-5
Dépôt légal : avril 1997